꽃에
한 생각
덧붙여

문재옥 시집

꽃에
한 생각
덧붙여

한강

시인의 말

어느 꽃의 말

꽃은
누가 뭐라 해서 피는 게 아닙니다.
누구 때문에 피는 것도 아닙니다.
나를 뽐내기 위해서는 더더욱 아닙니다.
나는 나의 보잘것없는 삶을 살아가고 있을 뿐입니다.
피고 지고 또 피고 져서 조그만 열매 하나 맺으며 사는 것이 나의 큰 소원일 뿐입니다.
그저 남들이 어여삐 보아주시고 지켜봐 주신다면 고마울 따름입니다. 항상 그렇게 살아가렵니다.
혹시 저를 눈여겨보아 주실지 모를 그 어떤 분들을 위하여….

2025년 11월에
문재옥

문재욱 시집

꽃에 한 생각 덧붙여

차 례

□ 시인의 말

제1부 짧은 생각 무딘 마음

들국화 ─── 13
금낭화 ─── 14
무궁화 ─── 15
채송화 ─── 16
수선화 ─── 17
봉선화 ─── 18
옥잠화 ─── 19
해바라기꽃 ─── 20
수국꽃 ─── 21
나팔꽃 ─── 22
진달래꽃 ─── 23
모데미풀꽃 ─── 24
호박꽃 ─── 25
산수유꽃 ─── 26
소국꽃 ─── 27
동백꽃 ─── 28
방가지똥꽃 ─── 29
쥐똥나무꽃 ─── 30

꽃에 한 생각 덧붙여 문재옥 시집

31 ── 엉겅퀴꽃
32 ── 분꽃
33 ── 갈꽃
34 ── 복수초꽃
35 ── 메꽃
36 ── 작약꽃
37 ── 벼꽃
38 ── 패랭이꽃
39 ── 백일홍꽃
40 ── 양지꽃
41 ── 과꽃
42 ── 명자꽃
43 ── 장미꽃

제2부 서툰 생각 얕은 마음

47 ── 모란꽃·1
48 ── 모란꽃·2
49 ── 억새꽃·1
50 ── 억새꽃·2

문재옥 시집   꽃에 한 생각 덧붙여

차 례

억새꽃·3	51
개망초꽃·1	52
개망초꽃·2	53
쑥부쟁이꽃·1	54
쑥부쟁이꽃·2	55
쑥부쟁이꽃·3	56
군자란꽃·1	57
군자란꽃·2	58
수련꽃·1	59
수련꽃·2	60
배롱나무꽃·1	61
배롱나무꽃·2	62
배롱나무꽃·3	63
애기똥풀꽃·1	64
애기똥풀풀·2	65
씀바귀꽃·1	66
씀바귀꽃·2	67
달개비꽃·1	68
달개비꽃·2	69
도라지꽃·1	70

꽃에 한 생각 덧붙여　　　　　　　문재옥 시집

71 —— 도라지꽃·2
73 —— 냉이꽃·1
74 —— 냉이꽃·2
75 —— 나리꽃·1
77 —— 나리꽃·2

제3부 풀어진 생각 사리는 마음

81 —— 맨드라미꽃
82 —— 꼭두서니꽃
83 —— 복사꽃
84 —— 토끼풀꽃
85 —— 으아리꽃
86 —— 아카시아꽃
87 —— 달맞이꽃
88 —— 강아지풀꽃
89 —— 찔레꽃
90 —— 명아주꽃
91 —— 까마중꽃
92 —— 둥굴레꽃

문재욱 시집 꽃에 한 생각 덧붙여

꽃다지꽃 —— 93
소리쟁이꽃 —— 94
은방울꽃 —— 95
붓꽃 —— 96
댑싸리꽃 —— 97
초롱꽃 —— 98
때죽나무꽃 —— 99
제비꽃 —— 100
지칭개꽃 —— 102
수수꽃다리꽃 —— 103
뚱딴지꽃 —— 105
진달래꽃의 웃음 —— 106
백목련 꽃봉오리 —— 107
꽃다발 —— 108
꽃을 보면 —— 109

□ 후기

짧은 생각 무딘 마음 제1부

들국화

그 여인은 늘
가을이면 찾아왔습니다
서늘한 미소를 머금고
쓸쓸한 모습으로 찾아왔습니다
그러나
아무도 그 여인을
마다하지 않았습니다

금낭화

비 온 뒤
청아한 아침 나절에
사랑을
또랑또랑하게 읽어 가고 있네요
앳된 가슴을 여물리면서
속마음을 영글리고 있네요
성숙한 여인을
꿈꾸고 있네요

무궁화[※]

오늘 핀 꽃은
내일엔 보여 드릴 수 없습니다
새 날에는 새 꽃을 피워야 하니까요
피고 지고 피고 지는
무궁한 아사달이거든요
이어 가며 피어나는 배달이고요
한번 먹은 마음은
어긋나지 않게 사는 단심이랍니다
수천년을 그렇게 살아왔습니다
끊임없이 이어 이어 산다는 게
변함없이 한결같이 산다는 게
얼마나 멋진 삶입니까?
내 얼굴엔 늘 웃음이 떠나지 않습니다
나는 항상 행복합니다

※무궁화: 아사달계, 배달계, 단심계로 전해 내려온다 함.

채송화

조그만 아이들이 모여
손을 내밀고
해바라기를 하고 있다
눈웃음을 잔뜩 짓고
하늘만 올려다보며 자란 얼굴들이다
깨물어 주고 싶은 사랑이다

수선화

바라만 보아도
"왜 쳐다보세요?" 하며 되물을 듯
그리하여 쌀쌀맞은 듯
매몰찬 듯 고결한 듯
어느 어긋난 첫사랑 같이
가문의 수준 차를 내세워
거들떠보지도 않을 듯
새침하게 피어나는 수선화는
서늘하게 환한 얼굴이다

봉선화

봉선화를 보면 80대인 나는
"울 밑에 선 봉선화야 네 모양이 처량하다…" 하는
노래가 생각난다
나보다 젊은 장년들에겐
"손대면 톡 하고 터질 것만 같은 그대…" 하는
노랫말이 연상될 것 같다
같은 꽃인데 느끼는 마음이 크게 다르다
못 먹고 못 입고 억압받던 시절의 봉선화와
잘 먹고 잘 입고 멋지게 사는 때의 봉선화는
때깔부터 다르게 보이는 걸까?
구차하고 추레해 보일 때보다
걸지고 넉넉할 때에는 더 예뻐 보이는 걸까?
애틋한 봉선화, 터질 것 같은 봉선화는
예나 지금이나 똑같은 봉선화인데

옥잠화

수줍음이 많아 밤에만 다녀가는 꽃
어쩌다 마주치면 하얗게 웃기만 한다
천사의 흰 옷깃 같은 옥잠화
여백의 아름다움을
몸으로 보여 주는 예술가
달밤엔 하얀 빛이 지쳐
진주하고도 바꾸기 아까울 듯
살짝살짝 풍기는 향기에는
하얀 선율까지 얹어 놓았다

해바라기꽃

해바라기꽃은 통도 크지
가슴에 천여 개의
자식을 품어 기르면서도
그 얼굴엔
항상 흐뭇한 웃음이 감돈다
큰 그릇엔
큰 마음이 담기는가 보다

수국꽃

참 순박하게도 피었다
환하게 웃고 있는 아기 얼굴들
마냥 차고 넘치는 기쁜 마음뿐
수국 나라의 평온을 본다
고깔 쓰고 춤추며 노는
걸판진 잔치를 본다

나팔꽃

아침에 피었다가
저녁에 지고 말면
그뿐
삶이란 다 그런 게 아니겠소
뜨고 지는 해도 보았고
비바람도 만나 보면서
새소리도 듣고
나비도 품어 보았소
한평생
이만큼 누리고 살았으면
멋지게 산 게 아니겠소
나는 미소 지으며 가려 하오

진달래꽃

진정으로 달라 하면 줄래?
너의 그 곱고 예쁜 마음을
옛 총각들은
연분홍 가슴앓이를 하며
봄 한철을 보냈었겠지?
마음 가득 홍건히 흐르는
붉은 청춘의 울렁증을 다스리며
사랑은 진달래 필 무렵부터
시작되었을 거야
진달래꽃이 저다지도 다급히
피고 지는 걸 보면

모데미풀꽃

깊은 산골에 피어나도
외로움을 타지 않는다는 꽃
오히려 쓸쓸함을 즐길 수 있어
부러울 게 없다고 소리친다는 꽃
그림엽서 속의 마을을 동경하여
그림 속의 그림처럼 산다는 꽃
한국 땅에 태어나 하얀 한복 입고 사는 게
하늘이 준 복이라는 긍지를 갖고 산다는 꽃
모데미풀꽃은 작지만
마음 씀씀이가 하늘 같은 꽃이네요

호박꽃

손에 돈 한 푼 쥔 게 없어도
가난 티 내지 않는 선비 같은

너부데데한 얼굴에
맘씨 좋아 보이는 누이 같은

달라 하지 않아도
퍼주기 좋아하는 시골 이장 같은

배꼽 내놓고 헤헤 웃는
절집 입구 동자승 같은

뙤약볕 내리쬐는 텃밭 가득
호박 농사짓는 농부 같은

산수유꽃

빈 나뭇가지에 노란 산수유꽃이
별처럼 피어 있다
성글성글한 꽃잎과 꽃잎 사이로
흐르는 바람도 노랗다
잔뜩 머금은 미소도
노랗고 명랑하다
부얼부얼 난 꽃술과 꽃대도 노랗고
저만큼씩 서 있는
산수유나무 무리들도 다 노랗다
봄은
산수유꽃의 노란색을 바탕으로
그림을 완성하는가 보다

소국꽃

조그마한 국화꽃 송이들이
조밀조밀하게 모여
소국꽃 공화국을 이룩하였다
팔과 팔을 촘촘히 엮어
한 덩어리가 되었다
사기가 올라 하늘을 찌르려는
병사들처럼

동백꽃

동백꽃 구경을 갔다가
꽃송이가 통째로 떨어져 무참하게 죽어 가는
처참한 동백꽃들의 모습을 보았다
아직 목숨이 다한 것은 아니었고
살아 숨만 쉬는 동백꽃의 절규로
아비규환 같은 참혹한 모습이었다
발에 걸리는 동백꽃의 시신들!
숨만 헐떡이며 나를 살려 달라고
소리소리 지르며 발버둥 치는 듯하여
얼른 돌아서고 말았다
단두대에서 단칼에 떨어지는 목숨을 본 듯
뒤도 돌아보지 않고 잰걸음으로 돌아왔다

방가지똥꽃

흘려 보며 지나가도 좋아요
볼품없다고 넘겨 버려도 좋고요
가시가 억세다고 상대 안 해도 괜찮고요
흔하고 흔하다고 무시해도 좋은데요
왕고들빼기를 닮았다
엉겅퀴를 닮았다
씀바귀를 닮았다
개쑥갓을 닮았다
뽀리뱅이를 닮았다는 말들은
제발 삼가해 주세요
나는 엄연히 방가지똥꽃이니까요
정이 많고 노오란 방가지똥꽃이니까요

쥐똥나무꽃

하얀 쥐똥나무꽃
향기에 끌려 들여다보게 되는 꽃
꽃 향기 솔솔 풍기는 5월
은은하면서도 톡 쏘는 향기에 놀라고
야릇한 이름에 웃어도 보고
순수하면서도 믿음직해 보이는 꽃
좋은 친구의 향기가 나는 꽃
쥐똥나무꽃!

엉겅퀴꽃

뾰족한 가시들의 호위를 받으며
거만한 듯 당당하게 서 있는 너는
지체 높은 가문 출신인가 보다
제 몸 만져 보는 것도 거부하는 풍모는
도도하면서도 위엄을 갖추었다
산과 들에 우뚝 서서 고개를 곧게 세우고
사방을 두루 살펴보는 너는
말 탄 왕자 같아 미덥다

분꽃

분꽃은 크게 대접받던 꽃은 아니다
옛 시골 아낙처럼 단정하고 순박하며
키도 크고 잎도 무성하고
가지도 번성해서 꽃을 많이 피우는 꽃이다
마당 한 귀퉁이나
장독대 옆에서 잘 자라던 꽃
분꽃은 마치
자식들 먹이고 입힐 일만 평생 동안 하시다가
봉양할 틈도 주지 않으시고
훌쩍 저세상으로 떠나셨던
우리들 어머님처럼
보고 싶은 여운을 남기는 꽃이다

갈꽃

사는 것을
어지간히 알아차리고 나니
몸이 솜털같이 가벼워져서
선들 부는 바람에도
훌쩍 떠날 수 있겠다
가는 날은
바람이 살랑 부는 날
저녁 무렵이 좋겠지
아무도 모르게 묻혀 버리기
좋은 시간이니까

복수초꽃

쌓인 눈 녹여 뚫고
노오란 미소 지으며
얼굴 내미는 여린 꽃장군
승리는 참고 기다리는 자의 몫
총칼로만 이기는 게 아닌가 싶다
매섭게 추운 기세등등했던 겨울을
숨 죽여 견뎌 내며 나약해 보였던 얼음새꽃이
끝내 승자가 될 줄은 차마 몰랐다
아직은 잔설이 수북한 엄동인데
행복한 웃음으로 바깥을 살핀다
홀로 있어도 외로워 보이지 않는 꽃
복수초꽃 얼굴엔 환한 희망이 가득하다

메꽃

보릿고개 넘을 때
메꽃 뿌리 캐어 씻어 먹으며
배고픔을 달랬었지
가난이 무엇인지도 모르면서
달달한 그 맛을 즐겼었지
메꽃 뿌리로 허기를 메우던
남루했던 행복이
지금도 엷은 분홍 메꽃 잎에
시리게 찍혀 있다

작약꽃

5월 비 그친 날 뜨락에 나갔더니
활짝 핀 작약꽃이 나를 반긴다
웃으며 화답을 나누려 했더니
고운 티 내지 않으려는 듯
기쁜 마음은 보이지 않으려는 듯
잎을 살짝 오므리고 돌아앉는다
수줍어하며 아름다움을
애써 감추려 하는 몸짓
왠지 부끄러워하는 표정
수수하게 보이려는 속마음까지 엿보인다
뽐내려 하지 않는 작약꽃에게
내 마음이 자꾸만 끌리는 것은 웬일일까

벼꽃

벼가 패기 시작하면
벼꽃이 핀다
출수한 이삭마다
다닥다닥 피어난 벼꽃들은
쌀 한 톨 한 톨의 엄니가 된다
다 여문 벼들을 옛 어머니들은
절구에 넣고 공이로 쓿고 찧어서
키로 까불어 밥을 지었다
밥알 한 알갱이라도 귀히 여기던
전설이 담긴 소중한 벼꽃!
보답하지 않아도
은혜를 베풀기만 하는 벼꽃이다

패랭이꽃

양갓집 규수와 대갓집 총각이
봄나들이를 가다가 마주치게 되어
서로 먼저 가시라고 양보를 하다가
에라, 이것도 인연인데 둘이 손잡고
패랭이꽃처럼 살아 보자고 가연을 맺었답니다
그 후로 패랭이꽃은
청순하고 순박하면서도 깔끔한
사랑의 꽃이 되었다는군요
그렇지 않고서야 어찌 이리 예쁜 꽃이
하늘 아래 필 수가 있었겠습니까?
잡티 하나 없이 곱고 고와
주근깨까지도 예뻐 보이는
패랭이꽃을 피울 수 있었겠습니까?
패랭이꽃을 보면 지금도
선남선녀가 손을 꼭 맞잡고 웃고 있습니다

백일홍꽃

시골집 꽃밭에
소박하게 피기를 좋아했던 백일홍꽃
그 동무들을 보면
과꽃 분꽃 채송화 봉선화 나리꽃 메꽃 맨드라미
모두 이웃 같아
만나면 기분 좋은 꽃들이다
보고 또 보아도 물리지 않는 꽃들이다
어느 꽃과도 잘 어울리는 백일홍꽃은
여름 해가 불볕으로 지져 대는
부대낌을 이겨 내고
장수의 큰 복을 받았다
여름 꽃의 주인공이 되었고
가을 하늘까지 이고 살 행운도 얻었다
수더분하게 산 큰 기쁨을 누리게 되었다

양지꽃

이른 봄 양지바른 곳이면
으레 앙증맞게 피는
달걀노른자색 양지꽃
자그마한 공주 같아 내 입술을
꽃잎에 살짝 대보고 싶다
미움도 고움도 다 웃어넘기는 꽃
반기는 이에게도 웃어 주고
섭섭하게 하는 이에게도 웃어 준다
살가운 양지꽃!
양지꽃을 보고 있으면
동네 빈터에 모여 마구 웃으며 뛰어놀다가
어른이 지나가시면 해맑은 얼굴로 쫓아가
인사하던 조무래기들이 생각난다
그 아이들이 그리워진다

과꽃

과꽃이 화단 가득
빨간 파란 하얀 분홍 자주색 꽃들을
울멍줄멍 들쭉날쭉 피워 놓고
그들 가족끼리 서로 눈짓 손짓 나누며
사는 모습을 보노라니
흐뭇한 마음 그지없었습니다

할아버지 할머니 아버지 어머니
삼촌 고모 형 누나 동생 조카
때로는 증조할아버지 할머니까지
오순도순 모여 살았던
우리 집 과꽃 시절이 그립습니다

알록달록 산다는 게
북적거리며 산다는 게
참 좋은 삶인가 싶습니다

명자꽃

4월은 명자꽃 피는 달
명자꽃 볼 요량으로 4월을 맞는다
서럽게 붉고 요염하다는 명자꽃
명자꽃 들여다보는 사람들의
마음을 들썩이게 만든다는 꽃
여인들의 가슴에 열불을 지른다는 꽃
사람들을 홀리는 향기까지 흘려
아가씨들의 마음을 들뜨게 한다는 꽃

명자꽃을 울 밖으로 내쫓아라
네 죄는 네가 알렷다
젊은 여인들의 마음을 짙붉게 물들인다는
네 죄가 결코 가볍지 않구나

명자꽃은 담 밖에서
마당 안으로 들어갈 날을
손꼽아 기다리며
말 없이 곱게 웃고만 있다

장미꽃

첫 번째 장미꽃이 말했습니다
"내가 세상에서 제일 예쁘다" 하고
두 번째 장미꽃이 말했습니다
"내가 세상에서 제일 예쁘다" 하고
세 번째 장미꽃이 말했습니다
"내가 세상에서 제일 예쁘다" 하고
네 번째 장미꽃도 말했습니다
"내가 세상에서 제일 예쁘다" 하고
다섯 번째 장미꽃도 말했습니다
"내가 세상에서 제일 예쁘다" 하고
여섯 번째 장미꽃도 말했습니다
"내가 세상에서 제일 예쁘다" 하고
일곱 번째 장미꽃이 말했습니다
"나는 세상에서 제일 예쁘지 않다" 하고
신문 기자가 물었습니다
"왜 당신이 제일 예쁘지 않다고 생각하느냐?" 하고
  일곱 번째 장미꽃이 답했습니다
  "사람들이 모두 나만 바라보고 있으니까요"

장미꽃들은 시들어도
목은 절대로 꺾이지 않는답니다

서툰 생각 얕은 마음

제2부

모란꽃 · 1

한참을
넋을 잃고 바라보고 있다가
내 마음의 영토를
다 바쳐 버리고 말았습니다
당신은 클레오파트라이십니다

모란꽃 · 2

천석꾼 만석꾼 집의
고명딸로 태어났어도
이리 고울 수는 없겠다
부티가 넘쳐서
귀티가 난다
신성스럽다
꽃의 전설이다

억새꽃 · 1

태조 이성계의 왕릉까지
점령한 억새꽃[※]의 기백이
동구릉 하늘을 떠이고 있다
억새는 역시 억세다

※태조의 고향 함경도 억새를 태조릉에 옮겨 심어서 지금도 자
 라고 있음.

억새꽃·2

억새꽃 보려고 명성산에 갔더니
억새의 날카로운 잎 날에 베인 바람이
사각이며 억새 덤불 속을
빠져나오고 있었다
백발의 억새꽃을 보고
늙은 꽃이라 말했더니
고개를 절레절레 흔든다
나는 늙은 게 아니라고
백 년도 천 년도 살 수 있다고
온몸을 뻣뻣하게 세우고 흔들어 댄다
햇빛에 반짝이던 억새꽃은
하늘을 향하여 할 말도 한다
가을마다 왜 내 머리를
하얗게 물들이느냐고 따진다
야무지게 물어대는 억새꽃을
하늘도 반기며 웃어넘긴다

억새꽃 · 3

낫으로 베어 버려도 솟아오르고
호미로 캐어 내어도 솟아오르고
발로 밟아 으깨어도 솟아오르고
불을 질러 태워 보아도 솟아오르고
농약을 뿌려 질식시켜도 솟아오르고
어디를 가도 억새는 있고
어디를 가도 억새 뿌리는 있고
어디를 가도 억새 뿌리는 뭉쳐 있고
뭉쳐서 사는 억새는
매년 그 자리에서 꽃을 피우고
이 땅 어디에나 억새꽃은 피고 핀다

개망초꽃 · 1

초여름 묵정밭에 가보면
큰 무리의 개망초꽃 모임이 열려 있다
치장하지 않은 친구들끼리 벌이는
동창생 모임 같기도 하고
이웃과 가족들이 둘러앉아
정담을 나누는 자리 같기도 하고
조용조용하게 이야기 나누다가 화들짝
한바탕 웃어 젖히는 직장인 회식 모임 같기도 하고
차분하고 성격 좋은 사람들이 펼친
잘 웃기기 경연장 같기도 하여
멀거니 바라보고 있던 나는
분위기에 휩싸여
서먹했던 내 마음을 풀어놓고 서 있다가
입 벌려 큰 소리로 웃어 버리고 말았다

개망초꽃 · 2

빈 터만 나면
다 사들여
사돈네 팔촌까지
무상으로 나누어 주며
영토를 넓혀 가더니
온 동네가 한 성바지가 되었네요
흉허물 없이 살아가며
얼굴 마주 보고 웃어대는 웃음소리가
마을 가득 넘쳐나고 있네요
개망초꽃 마을에는 매일매일
동네잔치가 열리고 있네요

쑥부쟁이꽃 · 1

입동 날
협수룩한 꽃밭 한 귀퉁이에
손들고 벌 서는 아이처럼
쑥스럽게 웃고 서 있는 쑥부쟁이꽃
가냘프다
겨울이 다 왔는데

쑥부쟁이꽃 · 2

맛으로 치면 냉장고에서
금방 꺼내 마시는 막걸리 맛이라 할까
지친 몸에 활기를 불어넣어 주는 보약이라 할까
벌판에 널브러진 쑥이며 들나물처럼
우리 곁에서 맴돌고 있는
천년지기 벗이라 할까
무엇이고 다 들어주고 싶어 하시던
할머님의 마음이라고나 할까
늘 하대 받으면서도
오로지 상전만을 잘 섬겼던 하녀라고나 할까
정말로 속 좋은 며느리, 버들네라고나 할까
볼 때마다 마음 편하게 벗할 수 있는 꽃
쑥부쟁이꽃!

쑥부쟁이꽃 · 3

쑥부쟁이꽃에게 사과할 일이 생겼다
미안하다 참으로 잘못됐다
너를 알아보지 못한 내가 잘못이다
내 자랄 때 아침저녁으로
동네 어귀 풀섶을 오가며
너를 보면서 좋아했었는데
도시로 옮겨 온 뒤 너를 잊고 살았구나
어릴 적 내가 좋아했던 친구 너를
까마득히 잊고 산 내가
원망스럽다
쑥부쟁이꽃 내 친구야!

군자란꽃 · 1

군자란꽃을 보고 있으면
들려오는 소리가 있다
몸에 맞는 옷을 입고
이른 아침에 일어날 때 마음으로
무던하게 살라고
그러면 마음이 푸짐해지고
넉넉한 하루를 살 수 있을 거라고

군자란꽃 · 2

이름이 왜 군자란일까?
생각하니 묵직한 답이 나올 것 같다
몸무게가 꽤 나갈 듯한 풍채와
쉬이 입을 열지 않을 듯한 엄중함과
무엇이나 곰곰이 따져 볼 것 같은 냉철함이
나를 압도한다
부리부리한 눈으로 날 바라보며
숨겨진 죄상들을 풀어헤쳐 볼 듯한 눈매
한번 마음먹으면 쉬 흔들리지 않을 기세
왜 사느냐고 물으면 고개를 숙일 수밖에
무엇을 감추고 무엇을 빼돌릴 수 있겠는가
그저 가슴 열어 다 보여 주고
군자란꽃 앞에선
그냥 솔직해질 수밖에 없을 것 같다

수련꽃 · 1

지금 막 목욕하고
물 밖으로 나온 소녀는
웃음만 가득할 뿐
티 하나 없는 얼굴이다
보드라운 살결 보이며
활짝 웃는 아기 같은
청순한 수련꽃!
입에 넣으면 아이스크림처럼
사르르 녹아 버릴 것 같다
수련꽃을 바라보며
들뜬 내 마음은
종이배를 타고 호수 위를
노 저어 가는 중이다

수련꽃 · 2

모네*는 수련꽃에 반하여
호수를 만들고 수련을 심어
그리도 많이 수련꽃을 그렸다네요
순진무구한 수련꽃과의 사랑으로
그림의 역사도 새롭게 썼다 하고요
수련꽃을 그리다가
밝음과 행복까지도 그렸다는군요
작은 수련꽃이
큰 역사를 쓰는데 주인공이 되었네요

※모네: 인상주의 화풍의 선구자. 250여 점의 수련을 그렸다 함.

배롱나무꽃 · 1

배롱나무꽃 핀 뜰을 거닐면
퇴계 선생님의 근엄한 얼굴도 보이고
율곡 선생님의 온화한 모습도 보이고
남명 선생님의 날 선 칼날도 보이고
구봉 선생님의 번뜩이는 눈매도 보이는데
꽃잎 떨어진 뜰 한 켠에는
굴곡의 역사까지 가물거린다

배롱나무꽃 · 2

배롱나무꽃을 보고 있으면
글 공부하던 서생들의 낭랑한
글 읽는 소리가 들리는 듯
거드름 피우며 걷던 양반네들의
활개 치며 걷는 걸음걸이도 보이는 듯
권세 부리던 세도가들의
도도한 자만심도 보이는 듯한데
곧고 곧은 정승 판서들의
"전하, 그리하시면 아니 되옵니다" 하고
진언하는
목소리도 생생하게 들리는 듯
배롱나무꽃 속에는
지난 세월에 상전들의 살던 모습들이
꿈인 듯 생시인 듯 어른거린다

배롱나무꽃 · 3

꽃을 피웠으면 피웠지
드러내 놓고 유난을 떨 게 뭐요
선비골에 태어났으니
선비답게 처신하는 게 옳지 않겠어요
꼿꼿하게 몸을 단정히 하고
헛기침도 간간이 해가며
적막한 기다림 속에서 사는 게
서생의 길이 아니겠어요
청빈이 생명이듯
배부른 듯 글 읽는 소리나 내보며 살렵니다
때를 기다리는 마음으로
느긋하게 세월을 읊어나 보렵니다
비록 살림은 옹색했으나 곧게 살다간
옛 선비들처럼

애기똥풀꽃·1

노란 꽃이 예쁘고 귀엽고 앙증맞아
꺾어서 누구에게 선물할 뻔했다
집에 와서 자료를 찾아보다가 놀랐다
독성이 있단다
겉만 보고는 모를 일이다
천진스럽고 어여쁘기만 한 얼굴
그 속에 독성을 감추고 있다니
참으로 믿기 어려운 일 같다
덥석 아이들이 손으로 쥐어뜯었다간
무슨 일이 생길지 모르겠다
애기똥같이 천진한 표정에 홀려
자칫 그르치는 일이 생길까 걱정스럽다
꽃도 거리를 두고 볼 일인 것 같다

애기똥풀꽃 · 2

서울 경기 지역 산야에는
유난히 애기똥풀꽃들이 많은 것 같다
가는 곳마다 노란 애기똥풀꽃들이
보이고 또 보인다
우리나라 인구의 거의 반이
빽빽하게 모여 사는 곳이라서
애기들을 많이 낳기도 하겠지만
노랗고 귀여운 애기똥풀꽃들이
그래서 많을지도 모르겠지만
애기가 눈 똥색이 노랗다면
건강하고 탈이 없다고 안심할 엄마
엄마 근심을 덜어 드리려고
아기는 더 노란 똥을 누려고 애쓰겠지
그러다 보면 애기똥풀꽃은 더 번성하여
군락지를 이루어 가겠지
서울 경기 지역 산야에는
애기똥풀꽃들이 계속 번져 가는 중이다

씀바귀꽃 · 1

남녘 땅 어디에서는 나를
"사랑 부리"라고 부른답니다
발음이 센 어떤 사람은
"사랑 뿌리"라고 부르기도 한답니다
먹어 보면 쓰니까요

씀바귀꽃·2

삶은 원래 씁쓸한 것이지요
밭에서도 살아 보았고
바위 틈에서도 살아 보았고
보도블록 틈새에서도 살아 보았소만
산다는 것은 조금 씁쌀해야
사는 맛이 나는 것 같습디다
보드라운 흙에서만 산다면
키 밖에 더 크겠소
삶은 역시 살을 맞대고
좁은 틈에서 비집고 살 때
삶의 즙이 생기는 게 아니겠소
힘이 생기고 활기가 넘치게 하는
붉고 쓰디쓴 즙 말이오
이 악다물고 살겠다는 결심이 있어야
삶의 수레바퀴가 잘 도는 법이오
씀바귀의 깊이 있는 쓴맛이
진정한 삶의 맛일 것 같소
이건 하찮은 씀바귀꽃의
주제 넘치는 말이니
너무 괘념치는 마시구려

달개비꽃 · 1

달개비꽃은
하늘을 보고 웃기만 한다
남색 웃음만 웃는다
맑고 투명하고 깨끗한 웃음이다
구름 한 점 없는 가을 하늘 같은
개운한 웃음이다
달개비꽃 웃음 속에는
파란 얼굴의 아기가
그림처럼 잠들어 있다

달개비꽃 · 2

나는 두보 시성께서도 좋아했던 달개비꽃입니다
자주달개비 쪽빛나비풀 닭의장풀이라고도 합니다
들풀이며 덤불 모양으로 자라는 흔하디흔한 풀이고
번식력이 강한 잡풀입니다
사람들이 귀찮아서 낫으로 쳐 내동댕이치면
나는 마디에서 뿌리를 내리어
포기를 불려 가며 꽃도 피웁니다
나는 사람들을 따라가며 그 곁에서 살고 싶습니다
꽃은 사람 곁에 있어야 꽃 대우를 받거든요
나는 사람들의 사랑을 받고 싶어
사람 곁을 따라다니며 피는 달개비꽃입니다

도라지꽃 · 1

도라지꽃들도
깊은 산골에만 살기엔
쓸쓸했던 모양이다
텃밭에까지 내려와
진보라색 치마저고리를 입고
가벼운 바람결에도 옷깃을
살랑살랑 흔들어 댄다

도라지꽃·2

권 씨는 도라지꽃만 보면
마음이 편안하고 기쁘다고 했다
하늘색 도라지꽃은 권 씨에게
웃음을 주고 상냥하게 대해 준다 했다
권 씨는 겨울에도 장갑은커녕
양말도 신지 않고 사는 사람이었다
권 씨는 매년 너른 텃밭에
도라지 씨를 뿌리고 가꾸어서
가을에 거두어 자기가 다 먹었다
씻어서 날 것으로 먹고 구워 먹고
나물로 무쳐 먹고 김치로 담가 먹고
권 씨는 힘이 장사였다
삼십여 년 전 일이다

지금쯤 권 씨는 도라지 꽃봉오리
벙그러지는 소리 들으려
텃밭에 귀 기울이고 있을까?
아니면, 도라지꽃 전설이 되어
또 다른 도라지꽃 마을을 찾아

구름 잡아 타고
하늘을 날고 있을까?

냉이꽃 · 1

나는
사람 사는 곳이면 어디든지 가서
꽃을 피우며 살고 싶습니다
별 볼품없이
긴 대궁에
촘촘하게 늘어붙어 자잘하게 피는
눈물방울 같은 꽃이지만
식솔들을 번창시켜서
모든 것을 사람들에게 다 바치고 싶습니다
비록 냉이 된장국 한 그릇이겠지만
그것이 나의 소박한 행복이니까요

냉이꽃·2

나에겐 이름이 많습니다
"냉이 내이 나시 나새 난시 나생이 나싱이 나싱개 나생개 나숭개 나눙개 남새이 나신구 나시랭이 나싱갱이 난쟁이풀…"

나는
산이나 들이나 울밑이나 길섶이나
논두렁이나 밭두렁이나 둠벙가에나
자리만 잡으면 피어나는 꽃입니다
하찮아 보여도 아기자기하고
얄밉도록 깜찍하여 보물스러운 꽃입니다
나는 사람들의 이쁨을 듬뿍 받아야 마땅한 꽃입니다
나는 나마새요 들나물이요 들푸성귀이며
달콤한 나물꽃 냉이꽃이니까요
비록 꽃 피기 전 냉이 시절의 이야기입니다만

나리꽃 · 1

꽃잎이
땅을 보고 피었으면 땅나리
하늘을 보고 피었으면 하늘나리
위로 말리면 말나리
솔잎처럼 가늘면 솔나리
나팔꽃을 닮았으면 나팔나리
하늘을 보며 어긋나게 피었으면 하늘말나리
등황색으로 땅을 보며 피었으면 울릉도섬말나리
주아※가 있고 하늘 보고 피었으면 참나리
주아가 없고 옆을 보고 피었으면 중나리
줄기에 털이 있으면 털중나리
날개선이 있으면 날개하늘나리
반점이 뻐꾸기 목털 같으면 뻐꾸나리
아기처럼 어려 보이고 예쁘면 애기나리
유럽에서 유학하고 돌아온 백합까지
이름도 많고 많은 나리꽃
해마다 뻐꾸기 울 때만 되면
우리나라 천지에 피어나는 나리꽃들
감히, 한국인들의 번성과 융성을 닮은 듯

나리꽃들은 피고 피고 또 핀다

※주아: 나리꽃의 열매

나리꽃·2

나리꽃을 보면
뒷짐 지고 거드름 피우며 걷던
옛 양반 생각이 난다
"나으리!" 소리 들으며
위세 떨면서 걸어가던 양반
바삐 걷지도 않고
느리게 걷지도 않으며
곁눈질 한 번 안 하고
앞만 보고 걷던 선비
두루마기 자락은 흔들리나
위엄과 뚝심이 몸에 밴 귀한 몸
수염까지 말아올린 엄숙한 양반
한낮에 약주 한 잔 걸친 듯
불콰해진 얼굴을 하고
애써 표정을 가다듬는다
"꽃이라면, 나 정도는 돼야지"
"에헴!"

풀어진 생각 사리는 마음

제3부

맨드라미꽃

권력 없는 벼슬을 하고
세상을 바라다본다
벼슬아치들도 거느리지 않아
권위도 위엄도 풍기지 않는다
의관을 가지런히 갖추고
밤낮으로 제자리를 지키는 충직한 관리
누구 한 사람
원성 한마디 던지는 이 없다
송덕비라도 세워야 할
목민관이 예 있었네

꼭두서니꽃

요렇게 자그마한 꽃이
참 야무지고도 앙증맞게 피었다
다부지고 앙칼진 얼굴이다
쉽사리 말 한마디 붙이기 어렵겠다
입 한 번 다물면
열 줄을 모르는 엄숙함이 넘친다
더 좀 찬찬히 들여다보니
옥빛 영롱한 꼭두서니꽃은
청옥산 청옥처럼 빛난다
날렵한 새가 되어
곧 날아갈 것 같다

복사꽃

복사꽃 열매는
하늘의 옥황상제께서만 드셨다는데
동박삭이 훔쳐먹고서 삼천갑자를 살았다는
그 과일을 잉태하는 꽃
손오공도 몰래 가져다 먹고
오래 살았다는 그 열매의 꽃
세상을 쥐고 흔들던 도원결의가
이 꽃 아래에서 이루어졌다는 맹세의 꽃
귀신도 물리친다 하여
제사상에는 얼씬도 못하는 과일의 꽃
세상 사람들이 꿈꾸는 이상향은
복사꽃 핀 도원향리라 했는데
그 무릉도원은
정말 복사꽃 핀 마을일는지
한 번 가 보고 싶다
안평대군이 보았다는
복사꽃 만발한 꿈속의 낙원을 거닐다가
길을 잃고 헤매어 보고 싶다

토끼풀꽃

토끼풀꽃 핀 마을에는
따지는 이도 다독이는 이도 없다
네 것 내 것 가르지 않아도
손톱만 한 다툼도 없고
이리 챙기고 저리 꿍치는 것도
손절하여 보낼 것도 없다
쥘려는 사람도
펼려는 사람도 없으니
허물없는 사람들만 모여 사는
순둥이 마을이다
얽히고설킨 것 없이
순하게 살아가는 행복 마을이다

으아리꽃

나무꾼이 한 짐 버겁게 해놓고
묶으려고 꽃 핀 덩굴 하나를
힘껏 잡아당겼더니 덩굴은
딸려 오지 않고 덩굴 뼈대가
나무꾼 손의 살을 파고들어
"으악!" 하고 소리를 질렀다
이리하여 으아리꽃이 탄생됐다는데
그때 그 승리의 기쁨이 얼마나 컸던지
으아리꽃은 더 크고 하얗게 활짝 웃는
당찬 꽃을 피울 수 있게 되었다고
환하게 웃고 있는 으아리꽃 하나가
귀띔해 준다

아카시아꽃

옛날 보릿고개에
없이 사는 이들은
하얀 아카시아 고봉 꽃밥을
넋을 놓고 퍼먹으며
끼니를 이은 이들도 있었다 하데요
허기진 배를
그렇게라도 채워야 했나 봐요
늙은 어머님을
아카시아 꽃밥으로
봉양한 효자도 있었다 하고요
아카시아꽃이 하얀 쌀밥이
되던 때도 있었네요
보릿고개에 아카시아꽃은
무죄였군요

달맞이꽃

아침에 마실 나갔던 누이가
달밤이 되어서야 돌아왔는데
당당한 기색이다
여자가 달맞이 좀 했다고
풀 죽어 지낼 건 아니라고
여자이니까 달맞이를 해야 한다고
밤의 살갗을 들추어 보아야 한다고
밤의 속내를 헤쳐 보아야 한다고
밤은 누구를 위한 그림자인지를 따져 보아야 한다고
달마저 없는 밤의 엉큼한 몸짓을
왜 밝히지 않는지를 물어야 한다고
고개에 힘주고 꼿꼿이 서 있다

강아지풀꽃

예쁘다고 쓰다듬어 주니까
좋다고 끄덕이며 잔털을 세우고
꼬리를 흔들며 반긴다
바라는 것은
웃고 까불며 놀아만 달란다
손끝에 집혀 오는 까슬까슬한 신호
손뼉 치고 노래 부르며
하하대면서 놀아 달란다
환한 웃음 속에 행복이 있으니
찌푸리고 살 일 뭐 있느냐고
강아지처럼 철부지로 사는 게 좋단다
뻣뻣한 그의 꼬임에 반하여
나는 연이어 쓰다듬어 주었다

찔레꽃

만지면 찔린다 하여 찔레인가
찌른다고 만지지 말라 하여 찔레인가
찔레꽃은 하얗게 웃고 있다
한이 많아 가시를 품고 있는가
가시를 품고 있어 한이 서렸는가
찔레꽃은 흰 이를 내놓고 웃고 있다
나도 가난하고 어렸을 때
잘 웃으며 살았던 때가 있었다
찔레꽃 같이 하얗게 웃으며 살았던 것 같다
그때를 떠올리다가
'픽' 하고 싱겁게 웃고 말았다
찔레꽃이 나를 힐끗 올려다보더니
허리가 휘어지도록 웃어댔다
나도 따라 소리 내어 웃고 말았다

명아주꽃

명아주꽃은 뭉쳐서 핀다
다닥다닥 붙어서 무더기로 핀다
힘을 쓰려면 뭉쳐야 하겠지
꼿꼿한 지팡이가 되려면
버틸 힘을 길러야 하겠지
꽃줄기가 휘어지도록 핀다
꽃인지 부스럼인지 모르게
더덕더덕 붙어서 핀다
팔뚝에 근육이 불거진 듯
울퉁불퉁하게 핀다
지팡이로 짚고 다닐 때
견뎌낼 힘을 길러야 하겠지
색깔이고 모양새고 따질 게 없다
뭉쳐서 힘을 다져야 청려장이 된다
명아주꽃은 한사코 뭉쳐서 핀다

까마중꽃

집 근처 울 옆이나 한적한 곳에
심은 적 없으나 잘 자라는 풀꽃
누구도 눈여겨보지 않는 꽃
물찬 제비처럼 날렵한 모양의
하얀 꽃받침에 노오란 까마중꽃
반기는 이 없어도 으레 해마다
'나 여기 있소' 하며 피어나는 꽃
재주는 넘치나 사람 행세를 못했던
옛 서얼들처럼
속이 당찬 까마중을 잉태할 꽃
까마중꽃은 늘 다소곳하다
어디에 내놓아도 빠지지 않을
번듯한 까마중을 품어 기를 꿈을 꾸며
까마중꽃은 매일
고즈넉한 밤을 맞는다

둥굴레꽃

수줍어서 고개를 못 드는 듯
겸양스럽고 소박하고 청순한 꽃
둥굴레꽃은 쌍둥이처럼 짝을 지어 피어난다
갸름하면서도 피부가 하야스름한데
둥글둥글하게 피어나는 꽃
각지고 모가 난 삶을 싫어하나 보다
다 같이 두루뭉술 얽히고설켜서
구수하게 사는 것을 좋아하나 보다
높낮이 없고 치고 받는 일 없이
은은한 종소리에 깨어나고
넉넉한 종소리에 잠이 드는 저녁
그렇게 살 만한 세상을 꿈꾸는 꽃
꿀은 **빼앗겼어도** 열매만은 꼭 챙기는
둥굴레꽃은 평화의 꽃이 아닐는지
둥굴레꽃을 보고 있으면 내 마음이
둥글둥글해진다

꽃다지꽃

나는 잘난 꽃이 아닙니다
화려한 꽃도 아닙니다
그렇다고 주눅 들어 살고 싶지는 않습니다
누구를 해코지할 줄도 모릅니다
드러내 놓고 나를 자랑할 줄도 모릅니다
말하는 것보다 침묵하기를 좋아합니다
잠시 산책 나온 분들에게 작은 위안을
드릴 수 있다면 큰 보람으로 여기겠습니다
한 가지 내가 듣고 싶은 말이 있습니다
우리 꽃, 봄꽃, 꽃다지꽃을
많은 분들이 기억하고 불러 주신다면
큰 영광으로 알고 살아가겠습니다
나는 꽃다지꽃입니다

소리쟁이꽃

죽죽 뻗어올린 대궁마다
덕지덕지 붙어서 핀 소리쟁이꽃
부스럼인지 꽃인지 가리기 어려운
담녹색 소리쟁이꽃은
나도 꽃이라고 소리치지 않았다
내가 건성으로 흘려 보며 지나칠 때
나도 엄연한 꽃이라고 소리치지 않았다
나도 꽃인데 왜
거들떠보지도 않느냐고 소리치지 않았다
속상해도 마음 가다듬어 가며
묵묵하고 무던하게 살아가는
수많은 세상 사람들처럼

은방울꽃

조그맣고 하얀 종을
딸랑딸랑 흔드니까
종소리가 쏟아져 나왔습니다
깜찍하게 귀여운 하얀 종소리가
마구마구 몰려나왔습니다
유모차에 앉아 있던 아기가
그 종소리를 한 움큼 집어먹었습니다
아기가 금세 잠이 들자
천사들이 날아와 아기를 안고
하얀 꿈속 나라 여기저기를
날아다니며 구경시켜 주었습니다
은방울꽃 종소리를 들으면서
은방울꽃 노래를 들으면서

붓꽃

보라색 먹물을 흠뻑 머금고
포부도 당당하게 피어나는 붓꽃은
불러주는 이름이 많기도 하다

각시붓꽃 제비붓꽃 등심붓꽃 부채붓꽃
타래붓꽃 연미붓꽃 청매화붓꽃 솔붓꽃
난쟁이붓꽃 얼굴붓꽃 무늬부채붓꽃 금붓꽃
넓은잎각시붓꽃 큰수염붓꽃 묵은둥이붓꽃
대청붓꽃 시베리아붓꽃 독일붓꽃 일본붓꽃
중국붓꽃 프랑스붓꽃 루이지애나붓꽃
고흐의 붓꽃 아이리스까지

이 많은 붓꽃 이름을 부르다 보니
붓꽃 동네 번창한 집안 어르신
팔순 잔치에 온 듯 시끌시끌한데
마음은 뿌듯하다
사람 사는 게 그래야 하는데
부러웁다

댑싸리꽃
—댑싸리의 기도

어렸을 때처럼 다 자라서도
뭇사람들의 사랑을
듬뿍 받을 수 있는 삶을 주시옵소서
수많은 사람들의 사랑을
한몸에 받더라도
교만하지 않을 지혜를 주시옵고
항상 다소곳한 마음으로 살도록
출렁이는 마음을 눌러 주시어서
순하디순하게 살게 해주시옵소서
키 재기하며 서로 다투지 않게
모두가 고만고만하고
가지런하게 자라도록 해주시옵고
복슬복슬한 제 모습이
해가 저물녘까지 탐스럽게 보이도록
흐트러짐 없이 서 있을 다리 힘을 주옵소서
댑싸리로 하여 사람들이
아름답게 살 수 있도록 이끌어 주시옵소서

초롱꽃

초롱꽃은 종꽃이라고도 불렸다
평생을 하루 세 번 종을 치며
고을에 종지기 노릇을 한 노인이 있었다
어느 해 새로 부임한 원님이
시끄럽다고 종 치는 일을 멈추게 했다
종지기는 종 칠 날만 기다리다가
지치고 서글퍼서 종각에서 떨어져 죽었다
그 이듬해 그 자리에서
새 풀들이 무더기로 자라고
종처럼 생긴 꽃들이 피었다
사람들은 종꽃이라 부르고
죽은 종지기 영혼이 환생한 꽃이라 했다
지금도 초롱꽃을 보면
깊고 그윽한 종소리가 들릴까 봐
귀가 솔깃해진다
종지기의 애잔한 소망이
등 밝힌 초롱꽃마다 어른거린다

때죽나무꽃

고개 숙여 아래를 보고
나란히 줄 맞추어 묵상에 잠긴
하얀 종 같은 때죽나무꽃
아름다운 모습에 은은한 향기까지
꽃 갖춤에 모자람이 없어도
잎사귀 뒤에 숨어서 겸양 부리는 꽃
땅을 내려다보며 미소 짓고
흙의 소리에 귀 기울여
깨우침을 얻는다는 꽃
가을이면 나란히 줄지어
동자승으로 태어나겠지
그리곤 세상 이치에 통달하여
머리가 반질반질하게 빛나고
뭇 중생들의 추앙을 받는
대덕 스님으로 환생하겠지
때죽나무꽃들이 묵상 정진하는 고요가
숲 계곡 따라 평온하게 흐른다

제비꽃

오랑캐들이 쳐들어올 때면 피어났다는
오랑캐꽃
땅에 주저앉은 듯 피어난다 하여 앉은뱅이꽃
제비 맵시와 색깔이 닮았다 하여 제비꽃
가락지를 만들어 끼고 다녔다 하여 반지꽃
겸손하게 고개 숙여 피어나는 보라색 제비꽃
수줍음을 타는 듯하면서도 행복해 보이는
노란제비꽃
소박하고 순진스러운 하얀제비꽃
파란 하늘처럼 맑게 살고픈 파란제비꽃
진한 자주색 사랑에 묻혀 청순하게만 살겠다는
호제비꽃
우리나라 땅에서만 살겠다고 깊게 뿌리내린
서울제비꽃
이름도 많고 많지만
제비꽃 화단은 본 일이 없다
제비꽃들은
돌 틈이면 돌 틈, 구석진 곳이면 구석진 곳
비탈이면 비탈, 평퍼짐한 곳이면 평퍼짐한 곳

어떤 곳이라도 내가 살고 싶은 곳에서만 살고
싶었나 보다
보랏빛 삶을 살고 싶었나 보다
알록달록한 삶을 살고 싶었나 보다

지칭개꽃

동네 꽃 지칭개는
지침 없이 피어난다는 꽃
들녘의 터줏대감 꽃
짓찧고 으깨어 상처에 바르면
잘 아문다는 약초 꽃
지나가던 사람이 할머니에게
꽃 이름을 물었더니
"그 꽃은 이름도 없어, 흔해빠진 그런 꽃들 이름까지 신경 쓰다 보면 지칭개 내버려둬 웬수 같은 꽃이여!" 하고 답했다는 꽃
아무튼 누가 아무리 업신여겨도
제 삶을 옹골차게 살아간다는
지칭개꽃 무리들을 보면
비록 가난했어도 자손들을
꿀방망이처럼 키워 낸
어느 집안을 보는 것 같아서
옷깃을 여미게 한다

수수꽃다리꽃

출근길에 아파트 화단에서
수수꽃다리 향기가 나면
'봄이 오고, 4월이구나' 하고 생각했었다
여성이 최초로 썼을 화장품 냄새일 거라고 여겼었다
이름까지 예쁜 수수꽃다리꽃
퇴근길에 코를 톡 쏘면서 마음을 끌어당기는 냄새가
상당히 먼 데까지 풍겨 오면
코를 벌름거리며 가까이 가
깊이 숨을 들이쉬면서 행복해했었다
수수꽃다리 향이 몸 깊숙이 스며들었다
그렇게 삼십여 년을 지나고 보니까
그 냄새가 아주 미미해졌다
수수꽃다리 나무도 왜소해지고
꽃도 조금밖에 못 피운다
그렇구나!
수수꽃다리꽃도 세월과 함께 늙었구나
보살핌이 없었으니 쪼그라들 수밖에 없었겠지

냄새만 맡고 지나다니기만 했던 내가
큰 잘못을 저질렀구나
예쁘고 향기 뿜을 때 돌봐 주어야 하는 건데…

뚱딴지꽃

누가 내 이름을 지었을까?
아무리 예쁜 꽃을 피워도
뚱딴지꽃이니 말이다
보릿고개 시절에는 민초들을
먹여 살리는 음덕을 쌓았어도
얼토당토않은 뚱딴지일 뿐이었다
누군가 개명이라고 한 것이
돼지감자요 돼지감자꽃이다
억울하다
오늘 날에는 부자들의
당뇨를 치유하는데 도움을 주고 있는데도
뚱딴지요 뚱딴지꽃이다
참말로 속상하다
작은 해바라기꽃쯤으로 불러도 될 터인데
나는 언제까지나
뚱딴지요 뚱딴지꽃일 게다

진달래꽃의 웃음

같은 나무 같은 가지에서도
먼저 피는 꽃이 있고
늦게 피는 꽃이 왜 있느냐고
캐묻는 분이 있어서
제 얼굴이 달아오르네요
그러더니,
붉으면 붉지 왜 연분홍이냐고
따지는 분도 있어서
이러지도 저러지도 못하고
웃네요
폈으면 진득하니 오래 필 일이지
폈는가 하면 저버리니
감질난다고 푸념하는 분에겐
답할 말이 없어서
웃어 볼 뿐이네요

백목련 꽃봉오리

빈 나뭇가지에
어린 백학 무리가
날개를 접고 앉아
하늘에 소원을 빌고 있었다

"창공을 날 수 있는 힘을 주소서"

며칠 후 가 보았다
백학들은 모두 날아가고
빈 껍데기만 풀이 죽어
석음석음해진 채 땅바닥에
널브러져 있었다
가끔 바람이 불 때면
파닥파닥 숨 쉬는
시늉을 하고 있었다

꽃다발

들국화 세 자매*가 만나서
서로 얼싸안고 환하게 웃고 있습니다
네가 나보다 곱다고
언니가 나보다 해맑다고
큰언니가 나보다 잘생겼다고
서로 추켜세우며
마주 보고 자지러지게 웃고 있습니다
서로서로 칭찬하다 보면
웃을 수밖에 없나 봅니다
꽃다발 속에는
큰 함지박만 한 웃음이 가득합니다

※들국화 세 자매: 구절초, 쑥부쟁이, 개미취

꽃을 보면

꽃을 보면
즐거움이 일어 좋지만
서러움도 가셔지고
괴로움도 사그라들고
도지던 마음의 아픔도 잦아들고
미워하던 마음도 너그러워지고
조급해하던 마음도 느긋해지고
굳어 있던 마음도 녹아내리고
맺혀 있던 마음도 풀려지고
한 서린 마음도 누그러뜨려 주니
꽃으로 하여
못 고치는 마음의 병이 없을 것 같다
꽃을 보며
실없이 실실 웃기만 해도
마음의 체증이 쑥 내려갈 것 같다

후기

꽃들을 마주하게 되면 그 아름다움과 신비스러움에 감탄하곤 했습니다. 생태적 경이로움과 형태적 감동스러움에 탄복하며 꽃과 서로 나눈 이야기들을 묶어 시집으로 엮었습니다. 꽃의 말에 대하여 제가 조금 거들었습니다.

그러나, 광범위한 꽃들을 다 다룰 수 없어서 내 주변에서 자주 볼 수 있는 꽃, 인근의 뒷산과 들녘과 길섶에서 만날 수 있는 꽃, 가능한 한 우리 꽃이라 할 수 있는 꽃으로 한정했으며, 외래어 이름과 멋지게 개량되었거나 전시를 목적으로 한 꽃들은 배제했음을 밝혀 둡니다.

또 하나 밝혀 둘 것은 화, 꽃으로 끝나는 꽃 이름은 그대로 사용했으나 그렇지 못한 꽃 이름엔 끝에 모두 '꽃'

자를 붙였습니다(예: 모란은 모란꽃으로). 이 시집에서는 꽃을 주대상으로 삼았기 때문입니다.
  곁들여, 저는 꽃과 식물에 지식과 체험이 부족해서 더 깊은 꽃의 세계를 그려낼 수 없었음을 인정하면서 미흡한 시에 대해선 문학적 능력의 한계라는 점을 알려 드리며 읽는 분들의 양해를 구하는 바입니다. 감사합니다.

2025년 11월에
문재옥

꽃에
한 생각
덧붙여

발행 ǀ 2025년 11월 10일
지은이 ǀ 문재옥
펴낸이 ǀ 김명덕
펴낸곳 ǀ 한강출판사
홈페이지 ǀ www.mhspace.co.kr
등록 ǀ 1988년 1월 15일(제8-39호)
주소 ǀ 서울특별시 종로구 삼일대로 457, 501호(경운동)
전화 02-735-4257, 734-4283 팩스 02-739-4285

값 12,000원

ISBN 978-89-5794-602-2 04810
　　　978-89-88440-00-1 (세트)

※저자와의 협약에 의해 인지는 생략합니다.
※이 책의 저작권은 저자와 본 출판사에 있습니다.